Daniel Merchan

Fundamentos de Marketing Político

Daniel Merchan

Fundamentos de Marketing Político

Dictus Publishing

Imprint

Cover image: www.ingimage.com

Publisher:
Dictus Publishing
is a trademark of
Dodo Books Indian Ocean Ltd. and OmniScriptum S.R.L publishing group

120 High Road, East Finchley, London, N2 9ED, United Kingdom
Str. Armeneasca 28/1, office 1, Chisinau MD-2012, Republic of Moldova, Europe
Printed at: see last page
ISBN: 978-613-7-35042-3

CONTENIDO

1. ¿Qué es el marketing político?

Como en toda área de estudio, el primer paso es comprender su definición, en este caso las palabras ***Marketing*** y ***Política*** por separado.

Marketing es el arte y la ciencia de elegir mercados objetivo, retención de clientes y crecimiento a través de la creación, difusión y comunicación de un valor superior.[1]

Mientras que la palabra Política se origina para referirse a la comunidad de un territorio delimitado, que constituían una entidad prácticamente autosuficiente y se encontraba regida por un gobierno propio. [2]

[1] Clemente, M.N., The Marketing Glossary, Anacon, New York, NY, 1992.
[2] Sabine George, H., Historia de la Teoría Política, Fondo de Cultura Económica, 3° edición, México, 1994, p.31.

Sabiendo esto, podemos ya comprender que el Marketing Político es la disciplina orientada a la creación y desarrollo de conceptos políticos, relacionados con actores específicos, que pueden ser partidos, candidatos o entidades de gobierno, que pueden tener distintos fines, lograr satisfacer a electores para que les otorguen su voto, o comunicar el trabajo realizado cuando es un político o entidad en funciones.[3]

2. Historia del Marketing Político

El lenguaje político toma como bases a lo establecido por los filósofos griegos, que ya hicieron referencia a la importancia de la retórica, del discurso persuasivo sobre los receptores.

En al año 65 a.C podemos señalar como el origen de comunicación escrita política, en el «manual del candidato» escrito por el hermano de Cicerón en el que le recomendaba como ganar elecciones para el consulado, en los tiempos de la República en Roma. A lo largo de las 86 páginas de ese manual, vemos

[3] Patrick Butler, Neil Collins, (1994) "Political Marketing: Structure and Process"

coincidencias en la forma de hacer política en aquella época con la actualidad, desde la segmentación política hasta cómo manejar la opinión pública.

En varios momentos de la historia lo más trascendente de la comunicación política ha sido la propaganda, que es una forma de comunicación en el objetivo de influir en la actitud de una comunidad respecto a alguna causa o posición. [4]

Los más claros ejemplos de propaganda son las estrategias de comunicación con las que Goebbels

[4] Patricio Bonta y Mario Farber, autores del libro "199 Preguntas Sobre Marketing y Publicidad" (2003)

estableció la figura del Fürther o la provocación de agitación utilizada por Vladímir Lenin para instituir el sistema.

La consultoría política tiene su origen en Estados Unidos. Según Lourdes Martín Salgado, en 1952 por primera vez los partidos Demócrata y Republicano enfocan un presupuesto específico para consultoría política. Catro años después se dieron los primeros ataques a los contendientes electorales en anuncios televisivos y en 1960 Kennedy fue el primer candidato formado para actuar frente a las cámaras de cara a un debate.

Con los medios de comunicación, la comunicación política, al igual que la comunicación en general, generó mayor impacto primero en diarios, luego en radios, posteriormente el dominio se dio en televisión, y actualmente es combinación de todas las formas de comunicar entre las que vale mencionar a la comunicación digital, que está cambiando el paradigma del dominio de los medios.

El internet y las redes sociales han cambiado las estrategias, los códigos tradicionales de comunicación y los patrones del mensaje político. Un ejemplo la influencia digital son todas campañas presidenciales en Estados Unidos desde 2008, donde han sido determinantes.

En la actualidad, en prácticamente todos los países, las campañas políticas en redes sociales son permanentes, con distinta estrategia e intensidad según la época.

3. Importancia y objetivos del Marketing Político

Así como para que una empresa o negocio o empresa tengan éxito es fundamental el Marketing Comercial, de igual manera para que un político, movimiento o proyecto de este ámbito tengan éxito, es esencial el Marketing Político.

Aunque suene duro, muchas veces las personas no realizamos un análisis racional o minuciosos de las situaciones, se tiene una percepción o toman decisiones basándose en sentimientos como amor, esperanza, odio y miedo, que es influenciado por las opiniones de las personas cercanas, los medios de comunicación sean masivos o actualmente digitales.

Por lo tanto, crear una conexión entre el político con la ciudadanía, para influir en su percepción, es la principal importancia del marketing político.

Los objetivos del marketing político pueden ser diversos, existir varios en simultáneo, y variarán según el autor, sin embargo, en este documento me gustaría clasificarlo en dos:

Para llegar al poder: Sea momento electoral, pre-electoral, o de fundación de una agrupación, el fin es llegar a ocupar cargos de elección popular, llámense concejales, alcaldes, prefectos, asambleístas, presidente, o cualquiera que sea necesario el respaldo ciudadano mediante el sufragio. Esto es válido sea que hablemos de aspiraciones de políticos en particular o de partidos. Según los tiempos y los escenarios las estrategias varían, pero el objetivo sea a corto, mediano o largo plazo es netamente aspiracional.

Mantener el poder: Cuando se cumple con el objetivo anterior se pasa a una siguiente etapa, que la gestión realizada desde el poder cuento con la aprobación de los

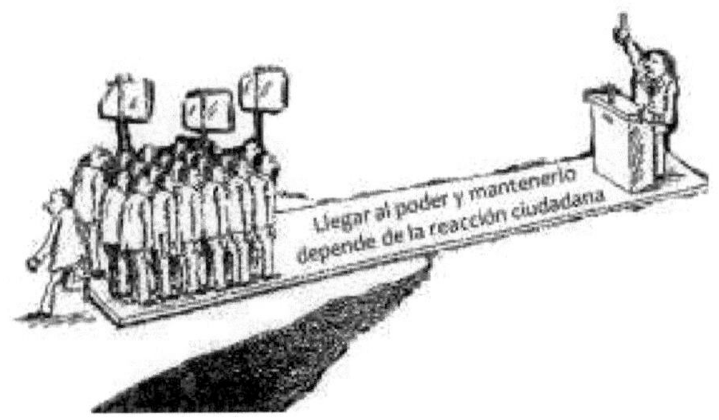

electores. Esta comunicación no necesariamente se la realiza con un mensaje político, ya que incluye todo lo que es propaganda de entidades gubernamentales, y difundir que se ha cumplido lo ofrecido y realizado un mandato que amerita continuar en el cargo.

4. Análisis del mercado electoral

La sociedad es cambiante, en la actualidad, por ejemplo, los medios digitales son fundamentales en los aspectos sociales y por lo tanto en los políticos.

En la actualidad es evidente que existe declive de ideologías y una mayoría de votantes que no les nace tener una lealtad política, y deriva en la pérdida de imagen de las organizaciones políticas. Desde el punto de vista de Marketing Político, por esto es fundamental diseñar estrategias electorales que tiendan a reforzar esa fidelidad del votante.

La indecisión hasta días previos de las elecciones, es una constante en las elecciones políticas, en gran medida, se debe a la falta de identidad ideológica.

Es por esto que se debe pretender convencer al votante que al ser electo realizará una acertada gestión en servicio de la sociedad, y que el partido político es más que un número de lista, un nombre y un logotipo.

Por lo tanto, para un partido político hay tres segmentos:

Los votantes que están de acuerdo y tienen sentido de pertenencia con el proyecto, es decir los militantes y simpatizantes.

Los votantes que tienen otra posición ideológica o idea de gestión, que en principio, no le darán su voto.

Los indecisos, que pueden votar por el partido, por sus adversarios, o anular su voto.

Las acciones de campaña deben ser dirigidas a los tres segmentos, pero con énfasis y en su mayoría al tercero. Al primer grupo de votantes hay que mantenerlos identificados y comprometidos, al segundo hay que intentar demostrarles que es la mejor opción, y al tercero se le debe dedicar más tiempo porque será determinante en la elección.

La necesidad de aplicar técnicas de investigación de mercados aplicadas al campo electoral es decisivo para poder conocer las características, inquietudes y deseos de los votantes.

Los campos que se deben investigar son las características del votante, que programa electoral pretenden, que características de figura política consideran adecuada, sus preferencias de los posibles postulantes, y todo lo que se considere que describa al elector, para poder influir en su decisión de voto durante la campaña.

Hay ocasiones que los resultados de los estudios de investigación no coinciden con los reales de la votación, esto puede suceder porque se aplicó mal la técnica de investigación, o por variables como el voto vergonzoso, que es cuando el ciudadano no reconoce por quién votará en las encuestas.

Para reducir el riesgo de la influencia de mentiras en las respuestas, es importante que las encuestas sean en absoluta confidencialidad, con simulación de papeleras y urnas, al igual que en el momento de la elección, así el encuestado sabrá que no se conocerá que respondió.

Para que una encuesta sea bien aplicada, se debe tomar en cuenta que la muestra sea de características semejantes a la del universo de estudio. Por ejemplo, si en la población donde se realizará la elección, el 60% de votantes son hombres, en la muestra se debe tomar en cuenta ese porcentaje de género, y lo mismo en cuanto a otras variables, como edad, nivel socioeconómico, y sector de residencia.

Para una encuesta electoral, se debe tener en cuenta:

Tipo de Población (N): Cuando el estudio es para menos de cien mil personas, es "finita", y si es para más de ese número es "infinita".

Margen de confianza: Mientras más alto es el porcentaje, es mayor la precisión. Generalmente se utiliza entre el 95,5% y el 99,7%.

Margen de error: Ya que la investigación se hace a una muestra de la población y no a toda, siempre habrá una variable. Generalmente los estudios se realizan con un margen de error de 0,5% hasta del 10%.

Condiciones del Muestreo (P y Q): Generalmente en Marketing Político se utilizan las condiciones "desfavorables", es decir que se asigna el valor de 50 a cada uno de los dos coeficientes P y Q.

Cuando la población es de más de cien mil personas se utiliza la expresión:

n = R P Q / E2

Mientras que si la población a estudiar es inferiores a cien mil personas, la fórmula estadística es:

n = R P Q N / (E2(N-1)+R P Q)

Siendo:

n, el tamaño de la muestra

N, el tamaño de la población

E, el error de muestreo

R, que tomará el valor de 4 o de 9 según sea el Coeficiente de Fiabilidad de 95,5% o 99,7%.

Por ejemplo, si se realiza un estudio en una población con un millón y medio de votantes, con un Margen de Error del 4% y en condiciones desfavorables de muestreo (P=Q=50), la expresión que dará el tamaño de la muestra representativa es:

n = 4x50x50 / 42 = 625 encuestas.

La muestra representativa debe repartirse por estratos sociales, grupos de edad, género, lugar de residencia, y todas las características de segmentación.

La encuesta, que es un método de investigación cuantitativo, es el más utilizado en investigaciones electorales. También se pueden aplicar otros métodos de investigación, por ejemplo la observación que consiste en analizar el comportamiento del votante en situaciones específicas, o los focus group que son conversaciones grupales para conocer las opiniones de un determinado segmento.

5. El partido político

Un partido político se crea con la intención de llegar al poder. Para que el Marketing Político sea funcional, el partido político debe estar bien estructurado, y hay varios aspectos fundamentales que debe considerar.

Visión y propuesta ideológica: Si un partido político no tiene una ideología clara, no se podrá realizar la comunicación y el marketing adecuadamente, ya que no tendrá poder de convencimiento a largo plazo. Debe contar con una visión consistente de como será su gestión, que aspectos de la vida política, social o económica mejorarían al ser electos, y qué los diferencia de las demás organizaciones políticas.

Organización de las bases: Los partidarios y simpatizantes deben realizar reuniones habitualmente para generar interés y lealtad, siempre siendo estas de su interés para que sientan la motivación de asistir y llevar más gente para que forme parte. La comunicación interna conlleva a que se realice con mayor facilidad la comunicación externa hacia los votantes, porque

trabajan de forma coordinada todos quienes forman parte o trabajan para el partido político.

Apoyar a potenciales candidatos: Un partido político debe contar con varios líderes, tanto nacionales, como locales, y estos deben tener cualidades como tener facilidad de palabra, convencimiento, carisma y respaldo ciudadano. A las personas con estas cualidades, el partido político responsable debe fomentar su preparación para presentarlos en las siguientes elecciones, y que se manifiesten comunicacionalmente para que se identifique al partido.

Normativa: Un partido político pretende crecer con el tiempo, por lo tanto, debe prevenir como manejará posibles situaciones mediante un reglamento claro, que debe ser aprobado por su militancia

Con todo lo anterior claro, además de los procedimientos legales en regla, el partido político funcionará de manera organizada, siendo el siguiente paso posicionarlo.

6. El posicionamiento político

Ries y Jack Trout, explican que el posicionamiento "es un fenómeno contemporáneo, que surge debido a la hipercomunicación, es decir el exceso de mensajes y de medios que bombardean las mentes de las personas muchas horas al día".

Para que los mensajes penetren con mayor efectividad en la mente del grupo objetivo, hay que entender que ante la cantidad de estímulos, la mente reacciona aceptando de entrada solo los que consistentes con conocimientos previos, y que es difícil que alguien cambie su opinión cuando ya está estructurada. Por eso se debe innovar en el enfoque de la comunicación, centrarnos en la manera cómo perciben las características intrínsecas.

Por lo tanto, el posicionamiento se refiere a la forma en la que se guarda la representación en la mente de las personas. En la actualidad las mentes están sobresaturadas, agotadas de mensajes y estímulos, por lo que se necesitan de mensajes sucintos, atractivos y congruentes con las actitudes de las personas que son nuestro objetivo.

A pesar de que las mentes de los votantes son difíciles de acceder, y que existe rechazo general hacia la política, para posicionarse, los candidatos necesitan lograr identificarse con una masa crítica de electores, logrando fijar ciertos atributos positivos en sus mentes.

La estrategia, las tácticas y la cantidad de recursos disponibles, serán las variables que determinen el posicionamiento, y estas variarán según el contexto y el escenario.

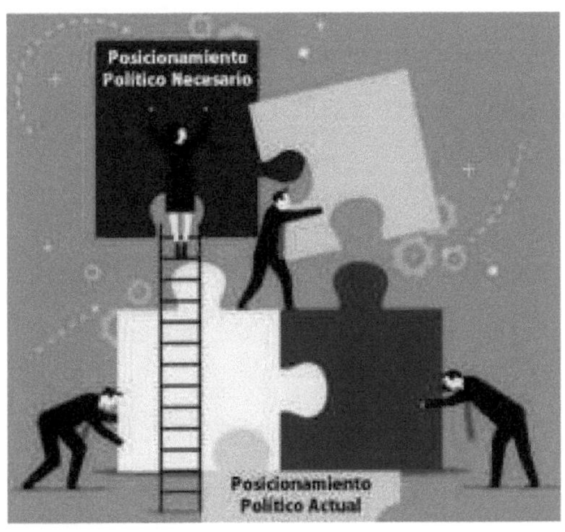

La innovación en el mensaje siempre será fundamental para el posicionamiento, en base al análisis correspondiente, se lo comunicará, por ejemplo, en redes sociales mediante promoción para viralizarlo, con los líderes del partido manifestándolo enérgicamente en medios de comunicación, y la militancia corriendo la voz en sus grupos sociales.

7. Diseño de plan estratégico de campaña

Un partido político debe planificar sus campañas, cuya estrategia es un proceso sistemático conformado por seis etapas:

1.- Análisis: Permite conocer la situación actual e histórica del mercado electoral, los adversarios, votantes, líderes de opinión, contexto socio-económico y cualquier otro factor que pueda ser influir o ser determinante.

2.- Previsión: Según el pasado y el presente, se puede considerar las circunstancias a futuro. Esto quiere decir, anticiparse a que las situaciones sucedan y saber como se reaccionará.

3.- Objetivos: Es necesario establecer las metas del partido, ya que aunque mencionamos que siempre el objetivo principal es llegar al poder, dependiendo la situación esto puede ser muy a largo plazo, y en ocasiones, podrían haber objetivos como por ejemplo, obtener una votación mínima para que se mantenga en vigencia el partido, o alcanzar un número de legisladores. Es importante ser realistas y contar con el esfuerzo y los medios adecuados para alcanzarlo.

4.- Acciones: Conociendo los factores y variables en el mercado, los adversarios políticos, el entorno, y qué se pretende alcanzar, se establece el mejor camino para alcanzarlo.

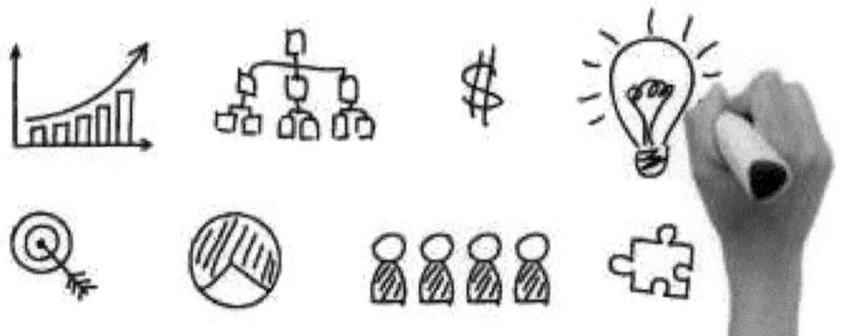

5.- Tácticas: A consecuencia de la estrategia, se diseñan las diferentes acciones para alcanzar las metas prefijadas, en que lapsos de tiempo y los recursos económicos y humanos que se destinarán.

6.- Ejecución y Control: Al definirse lo anterior y el plan está en marcha, se analiza todas las posibles variables y direcciona el plan según lo establecido, siempre monitoreando todo suceso.

Para la efectividad del plan operativo será fundamental el análisis del mercado electoral y la comunicación política, ya que según su intensidad y correcta aplicación, tendrá su efectividad en los segmentos de votantes.

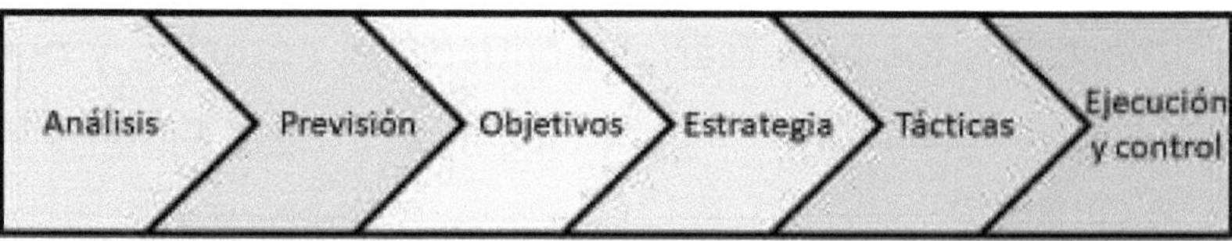

8. Análisis FODA aplicado en política

Para considerar las estrategias a utilizar es importante analizar las fortalezas, oportunidades, debilidades y amenazas que se tienen, mediante la matriz FODA (o DAFO según el autor). Las debilidades y fortalezas dependen del sujeto de análisis y las Amenazas y Oportunidades son factores externos.

En política el análisis FODA se lo realiza previo a la campaña, sobre el partido político, el candidato y sus adversarios.

Es importante analizar cada uno de estos aspectos, porque al identificar las fortalezas, oportunidades, debilidades y amenazas del candidato se sabrá que estrategias tomar y que situaciones evitar o como contrarrestarlas. De igual manera en cuanto al partido político, ya que una organización puede verse afectada por lo que hagan sus miembros. También es importante realizarlo sobre los adversarios, para saber en que temas tienen falencias para los debates, o que propuestas contradecirles.

Es importante que para realizar el FODA ya se tenga los resultados de la investigación realizada previamente, porque lo obtenido servirá en gran medida para conocer la situación.

Ejemplo de Análisis FODA del candidato

FORTALEZAS	**OPORTUNIDADES**
-Amplia experiencia en política -Buena relación con los medos de comunicación -Facilidad de palabra -Buenos resultados el elecciones pasadas	-Empresarios dispuestos a apoyar a candidatos de centro -No hay más candidatos de la misma ideología
DEBILIDADES	**AMENAZAS**
-Relacionado con un escándalo en estado etílico hace 6 años -No cuenta con disponibilidad completa de tiempo para campaña	-Posible cambio de fecha de elecciones -Poco tiempo para campaña -Copa América hará que la ciudadanía no se enfoque en las elecciones

Ejemplo de Análisis FODA del partido político

FORTALEZAS	**OPORTUNIDADES**
-Bases en todos los cantones -El partido cuenta con Alcaldes y Presidentes de Juntas Parroquiales -Partido caracterizado por impulsar el diálogo	-Los demás partidos de la misma ideología cuantan con desaprobación ciudadana -Empresarios pretender apoyar a partidos de centro
DEBILIDADES	**AMENAZAS**
-Baja popularidad en sectores rurales -Colores del partido pueden confundirse con otras organizaciones políticas	-Repercusión económica -Brote de virus de gripe H1N1 en tiempo de campaña -Sindicatos pretenden boicotear a partidos de centro

Ejemplo de Análisis FODA de adversario político

FORTALEZAS	**OPORTUNIDADES**
-Nuevo en política sin antecedentes de corrupción -Cuenta con respaldo de jóvenes	-Grupos sindicales pretenden apoyarlo -Grupos que han elaborado software avanzado pretenden donarle sus servicios
DEBILIDADES	**AMENAZAS**
-Poca preparación académica -Inexperiencia en debates -Poco carisma	-División de votos por cantidad de partidos políticos

Al realizar el análisis FODA del adversario, se redacta poniéndose en su lugar.

9. Storytelling y construcción del mensaje político

Para que un discurso político sea efectivo, hay que idearlo, a esto se le llama *storytelling*, que significa "contar una historia", y es una herramienta de marketing que consiste en conectar con el público el mensaje que se transmite, ya sea en un discurso, por escrito, en publicidad gráfica o con contenido audiovisual. Para llegar a esto, es fundamental que se haya realizado previamente la investigación y el análisis FODA, para saber a donde direccionar la comunicación.

Maya Angelou decía "La gente olvidará lo que dijiste, la gente olvidará lo que hiciste, pero la gente nunca olvidará cómo la hiciste sentir", esto es de gran importancia, porque más allá de lo que se dice, el objetivo es como lo recepta el público, que en el caso de una campaña política es el elector.

El primer paso es realizar el *framing,* que es la selección de información para construir lo que se comunicará, es decir que es el proceso de elegir simbólicamente que representará el énfasis que llevará el mensaje. Por ejemplo, el *framing* podría ser la indignación ante la gestión actual y sus errores, eso se lo comunicará en cada espacio. Al definirlo es fundamental identificar el contexto y el escenario, para saber como manejar el escenario político.

Posterior a esto, se crea la historia del mensaje, el mejor ejemplo es el primer discurso de Obama como presidente electo el 5 de noviembre de 2008, donde varias veces hizo reiteró el slogan de su campaña, "*yes, we can*" ("sí, se puede) y su mensaje tuvo énfasis cuando hablaba de esperanza.

10. Las 4Cs del discurso político

El discurso es la forma de expresar contenido de forma verbal ante un público. En política es fundamental para el convencimiento, y es necesario que cumpla con cuatro características.

Claro: Tanto la vocalización, el contenido del discurso y las palabras utilizadas, hacen en conjunto que el mensaje sea captado con claridad por el público. Este debe ser enfocado según la audiencia, por ejemplo, no son las mismas palabras que se utilizarían con universitarios que las que se utilizarían con un grupo de jubilados.

Conciso: Un grave problema de gran cantidad de políticos es extenderse demasiado en los discursos, esto se da por querer informar mucho y bajo la creencia de que se debe “aprovechar el micrófono”.

Extenderse en exceso ocasiona que el público se aburra y no quede en su memoria ninguna idea clara. Un discurso político no debe tener más de tres propuestas de campaña principales, si se extiende, el resultado es todo lo contrario que la intención del ponente.

Capaz: Es fundamental que el contenido del discurso, el lenguaje no verbal y la seguridad al hablar demuestren que el candidato es capaz de cumplir lo que está ofreciendo en un discurso durante una campaña política.

Si un candidato no evidencia capacidad, el público presente no considerará darle su voto, ya que para elegir a un mandatario debe considerar que este puede realizar determinadas acciones y que posee las condiciones necesarias para ello.

Coherente: En la política no basta con parecer, también hay que ser, porque llegará el momento que se evidencie la realidad. En ocasional cuando un político está envuelto en un escándalo realizan acciones relacionadas para limpiar su imagen, por ejemplo, si se filtraron videos del político en estado etílico, es un error lanzar una propuesta para reducir el consumo del alcohol, lo adecuado es dar una explicación una vez y evitar el tema, para que no persista y generar recordación. En el discurso político es de igual manera, se debe hablar en coherencia con las acciones que se ha realizado.

11. El ABC de campaña en territorio

La campaña debe ser cercana a la ciudadanía, no por eso se la debe confundir con populismo. El populismo cae en la exageración y cuando es fingido.

En Latinoamérica, por cuestiones culturales, en las visitas de los políticos a barrios de sectores populares, se los invita a compartir con los moradores, por lo que es importante que los políticos dominen el ABC de territorio.

Es importante elegir candidatos que realicen estas actividades de forma natural, y si es posible, que también lo hayan hecho antes de dedicarse a la política.

Abrazar: Los países de Latinoamérica comparten que su sociedad de naturaleza es sumamente afectiva.

Un abrazo es considerado como una de las muestra más claras de empatía. Por tal razón, un político debe abrazar a los moradores en sus vistas a los barrios, conectando con sentimiento de comprender sus problemas y que se esforzará por ayudarla.

Es importante que el abrazo se conecte y se exprese de forma positiva, ya que las fotografías pueden captar si es natural, si se lo hacer con una sonrisa, pero si existe hipocresía podría ocasionar que le digan la frase "más falso que abrazo de político".

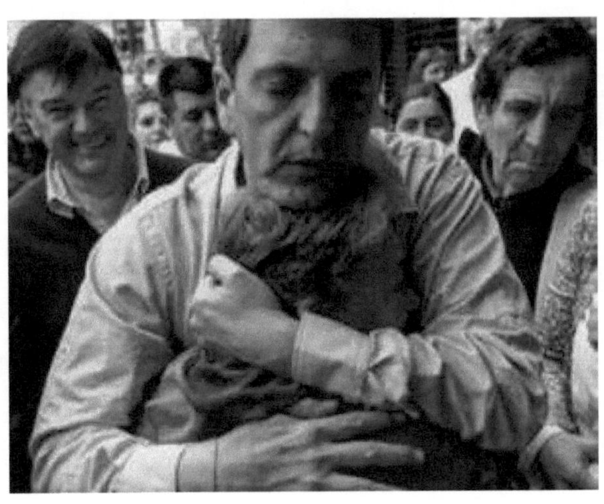

Baile: Si pretende ser político y no sabe bailar, debe tomar clases antes de campaña.

Las fiestas populares de los barrios son visitas indiscutibles en campaña y hay que aprovechar esas oportunidades.

Bailar lo suficientemente bien como para no perder el ritmo, estar sonreído y tomar como pareja a las señoras más entusiastas, es algo que los moradores que lo presencien lo recordarán para siempre de forma positiva.

Comer: De todo el ABC mencionado, la C es la letra más importante.

Lo más frecuente en una campaña en territorio es que los moradores inviten a los candidatos a comer, generalmente ofrecen comida típica.

Aunque suene duro, si el candidato no está dispuesto a esto, debe evitar hacer territorio o únicamente participar en caravanas.

Si el político no lo come todo, o rechaza la invitación, los moradores se lo podrían tomar como una ofensa. Y sabemos que todo error en territorio, está a una foto o video de viralizarse.

12. Publicidad gráfica y audiovisual

Una campaña política debe estar conectada en todos los medios de comunicación. El *framing* a comunicar será el mismo en todos los espacios, obviamente diferenciando el método y contenidos según el grupo objetivo.

En los elementos visuales estáticos, el *framing* se lo comunicará con una frase o un gráfico fácil deentender, siempre estando visible el nombre del candidato y del partido político.

Mientras que para los elementos audiovisuales se realiza un *storyboard* que es el equivalente al *storytelling en el discurso.* Antes de la producción y posproducción de estos elementos, se lo grafica visualmente con las escenas y bajo cada una su descripción.

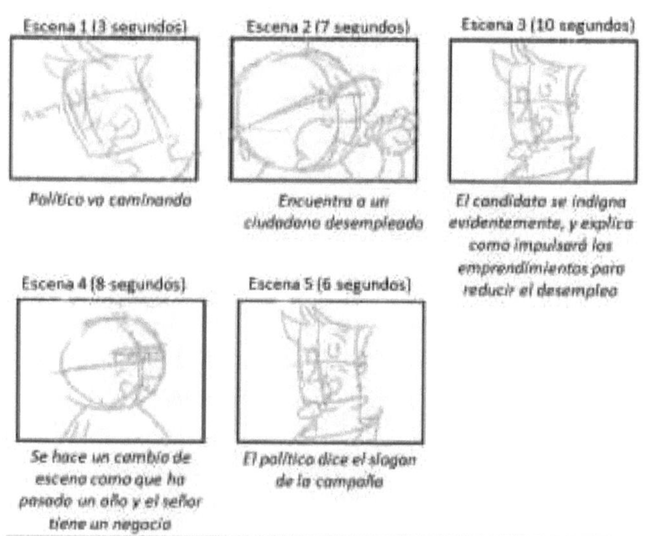

13. Comunicación política 2.0

El entorno virtual o digital es el que se desenvuelve en Internet, y se realiza de forma bidireccional en sitios web como foros, blogs y redes sociales, que permiten la participación e interacción, lo que debe ser aprovechado por los políticos para tener contacto con los ciudadanos.

Mediante este tipo de vinculación, la política se hace participativa y los ciudadanos son escuchados.

Internet es cada vez más considerado como una fuente de noticias, habiendo una línea delgada entre la realidad y la difamación. Por lo tanto, la planificación es fundamental para comunicar, pero también para prevenir que responder en caso de una difamación.

La Comunicación Política 2.0 tiene varias finalidades, que enlistaremos a continuación.

Crear comunidad: En torno a la figura política, se debe pretender que las personas con pensamientos similares confíen en que el partido o sus figuras, pueden gestionar adecuadamente si están o si llegan al poder, así como solucionar sus problemas.

Al crear una comunidad, los integrantes intercambian ideas entre ellos. Las redes sociales brindan la posibilidad de crear estas comunidades, pero mantenerse pendiente, organizarlas y prestarles la atención debida, es función de los partidos políticos y sus departamentos de comunicación.

Llegar a nuevos públicos: Mediante la interacción en redes sociales, los partidos políticos deben tener la intención de llegar a parte de la ciudadanía que generalmente no las escucha. Por ejemplo, publicar propuestas para fomentar el deporte en jóvenes, esto hará que un segmento que previamente le era indiferente la política, se sienta identificada. De igual manera se puede anunciar eventos y actividades enfocadas en nuevos públicos, lo importante es identificar quienes ignoran la política y saber como atraerlos y fomentarles sentido de identificación.

Potenciar los valores: Al fundar un partido político, además de la visión y misión, la ideología va en conjunto con los valores institucionales.

Crear material gráfico que demuestra estos valores, y las propuestas para fomentarlos mediante la política, es fundamental para la comunicación digital.

La finalidad de esto es que la audiencia se sienta identificada y se apropie de las propuestas del partido, algo que une a la sociedad son los valores y la solidaridad, pero estos deben comunicarse de forma asertiva para que no se lo critique por hacerlo con intenciones políticas.

Segmentar audiencia: Las redes sociales nos dan la facilidad de segmentar el mercado. Al pautar una publicación, se puede elegir el segmento a quien va dirigido, colocando filtros como edad, género, lugar de residencia, gustos y aficiones, entre otros.

Esta herramienta debe utilizarse con gran habilidad, segmentando los mensajes no solo con los temas adecuados al segmento, sino también con el vocabulario que este lo entienda y se sienta identificado. No es la misma forma de comunicar, por ejemplo, un evento académico para personas con maestría, que propuestas para jubilados.

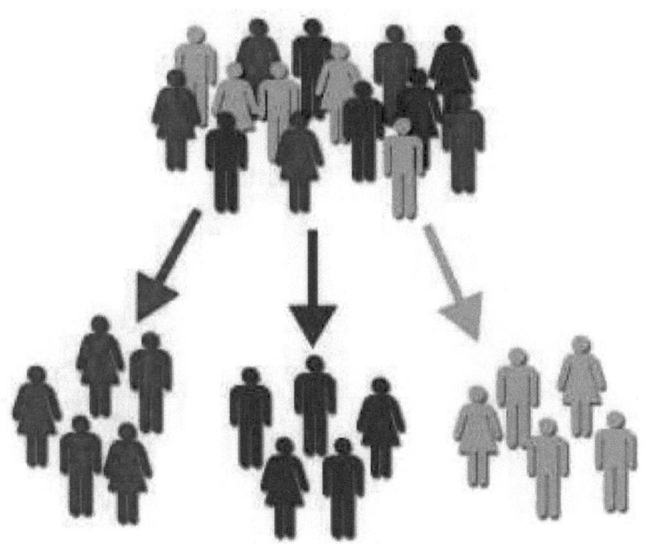

Multiplicar los mensajes de territorio y en medios tradicionales: Es importante filmar el accionar de los políticos en territorio y sus discursos, para luego realizar un trabajo de post producción, seleccionar lo mejor, y subir videos de 30 segundos a redes sociales en los que el candidato comparta con la ciudadanía o parte enérgica de un discurso.

De igual manera, cuando se tiene entrevistas o reportajes en medios de comunicación tradicionales, es importante subirlos a las redes sociales, tanto el anuncio de que intervendrán como la entrevista en si misma, ya que esto hace que el mensaje se multiplique, además de la gente que lo vio en el medio también lo verán en redes.

En casos cuando el político tuvo una mala intervención, es mejor no subirlo a las redes.

Respuesta activa: Escuchar a la ciudadanía es fundamental para saber que comunicar políticamente, y responderles hace sentir al ciudadano que verdaderamente tiene una voz, más allá del sufragio. Es imposible que un candidato o político pueda responder todos los mensajes masivos, sin embargo, el equipo de comunicación debe tener muy claro el discurso en concordancia con el candidato, y podrán responder de la forma más inmediata posible, hablando como el candidato. Todo esto debe ser planificado, porque un error del equipo de comunicación podría viralizarse y sería como un error del mismo político.

14. Asesoramiento de imagen y marketing personal

Antes de empezar el desafío de ser candidato, el consultor debe verificar que este dispuesto en todos los aspectos, y solicitarle que se realice una introspección política, esto va relacionado al autoestima, su relación a la política, y es un análisis personal en el que decidirá ser apto para el reto, ya que un candidato negativo o con problemas personales no podrá realizar una campaña exitosa. Hay ciertos candidatos que les resulta efectivo recibir *coaching*, sin embargo a otros puede parecerles desgastar tiempo innecesariamente, esto depende de cada candidato, pero es fundamental la actitud positiva para esforzarse durante la campaña.

Luego de saber que el candidato tiene la certeza de asimilar el desafío, es necesario asesorarlo para que comunique esa seguridad durante la campaña.

Una importante forma de comunicar seguridad, afecto y sinceridad durante la campaña es el lenguaje no verbal, siendo importante realizar acciones como:

Contacto visual con los ciudadanos representa cercanía y empatía por sus problemas.

Gesticulación activa demuestra interés, pero no hay que exagerar para que no parezca actuado.

Apretón de manos firme es muestra de estar seguro de lo que está haciendo.

Sonreír es muestra de positivismo, pero no se debe forzar para que no parezca fingida. Si es necesario se debe practicarla.

No cruzar brazos ni piernas ya que es muestra de inseguridad.

La postura debe ser erguida y no se debe agachar la cabeza si no es necesario, si se lo hace es muestra de ser introvertido.

No tocarse el rostro, ya que se lo relaciona con que se está mintiendo.

Mostrar la palma de la mano, es una forma de comunicar sinceridad.

No ponerse las manos en los bolsillos ya que denota desinterés.

El lenguaje no verbal es tan importante como el verbal, para cuidar la diplomacia personal, es decir no caer en errores por falta de prudencia.

La vestimenta de un político debe ir ligada a su estilo. Por ejemplo si el candidato pretende convencer a los intelectuales y empresarios, su estilo deberá ser formal, si es un candidato cuyo grupo objetivo son los jóvenes puede vestirse más cotidiano, sin caer en exageraciones como utilizar pantaloneta. Son pocos los casos en los que las exageraciones de vestimenta pueden ser disruptivas y positivas al momento de las elecciones, suele pasar en cantones pequeños de Latinoamérica, pero es importante la investigación para determinar si eso es lo que busca la ciudadanía del sector en un político. Es un error cuando el candidato no tiene un estilo natural y para llegar al electorado cambia su forma de ser, ya sea que un candidato formal se vista deportivo o un candidato que provino de sectores populares utilice un terno que más lo incomoda, esto se llega a evidenciar durante la campaña en la fluidez de accionar del candidato, y contraponerse a su forma habitual puede ocasionarle críticas masivas. El asesor de imagen debe buscar el punto medio perfecto entre lo que utiliza habitualmente y lo que desea la ciudadanía, además de entrenarlo para que se vea natural.

La forma de ser o estilo de cada político, por naturaleza tendrán relación directa con su comunicación emocional y creativa, ya que así será su primera impresión e incluso estilo al gobernar, por ejemplo, si de naturaleza es cariñoso o gracioso, debe aprovechar su carisma como político, o si siempre es aplicado y serio, la estrategia debe estar enfocada en demostrar compromiso, responsabilidad y respeto. El consultor debe identificar las actitudes del político y convertirlas en fortaleza, y las cualidades que no tiene se deben practicar para aplicarlas solo cuando son absolutamente necesarias, ya que hay que evitar que el candidato actúe de forma fingida.

15. Manejo de crisis

En política es común que existan momentos de tensión, y en ciertas ocasiones pueden derivar en una crisis.

Es importante tratar de evitarlas, muchas veces se puede resolver conflictos antes de que sean una crisis, por ejemplo, dialogando con la persona o grupo que pretenden hacer quedar mal al candidato, cuando se tiene contacto con este y hay una apertura. Sin embargo, la mayoría de ocasiones no se tiene contacto con quienes realizan el linchamiento mediático que conlleva a la crisis comunicacional política.

Es importante tener un gabinete de crisis o gabinete de emergencia, que es un comité convocado, normalmente por el director del partido político o por el mismo candidato, para evaluar y coordinar las acciones, incluyendo los eventuales planes de contingencias, para afrontar los distintos tipos de crisis, emergencias o amenazas que surgen. Se recomienda que este gabinete esté conformado por especialistas en marketing político, que en el caso de una campaña suelen ser los mismos consultores. Cuando el político ya está en el poder, el gabinete de crisis son los responsables de cada área, por ejemplo, para un presidente de la república serían ciertos ministros, pero siempre es importante especialistas en marketing si la crisis es comunicacional o de perspectiva ciudadana.

El mismo gabinete, debe tener previamente a que suceda, elaborado un manual de acción de crisis que analice la gestión de riesgo de la campaña, ya que es posible prevenir con que temas le atacarán a su candidato o planificar la reacción ante hipotéticos escenarios.

Para reaccionar adecuadamente ante una crisis comunicacional, es importante saber dimensionarla para responder con la fuerza que corresponda. Por ejemplo, si un grupo de ciclistas hace linchamiento en redes sociales a un candidato, este cometería un error si da una rueda de prensa para responderles, porque estaría sobredimensionando los ataques que recibe. Muchas veces el político nuevo tiende a sobredimensionar cuando lo atacan virtualmente, y en ocasiones pueden ni siquiera ser ciudadanos sino *trolls*.

Hay que responder las crisis, tratando de llegar al mismo grupo de personas que se enteraron. Si el ataque es mínimo, es mejor ignorarlo. Si el político estuvo involucrado en un escándalo, pero de índole personal y no político, aunque se enteren muchas personas es mejor no tocar el tema a menudo porque es mantenerlo presente, y se necesita que la gente no lo identifique con eso, sino con su trabajo. En esos casos el político solamente debe publicar un comunicado con su versión y evitar el tema en adelante.

En caso de presentarse una crisis comunicacional, por un supuesto caso de corrupción o algo grave, que lo han dicho los medios de comunicación, es necesario dar la respuesta rápido por todos los medios posibles, desde redes sociales hasta rueda de prensa.

El candidato siempre debe tener una buena relación con los medios de comunicación, ser amables, puntuales y atentos con todos. De igual manera, e incluso más su equipo de marketing, de ser posible es de gran ayuda tener amistad con la gente de medios. Los medios de comunicación pueden ser un aliado estratégico o un enemigo, en una crisis es importante una buena relación previa, para que inviten al candidato a dar su versión en entrevistas y que asistan a sus ruedas de prensa.

16. Tips para una campaña exitosa

Planificación financiera: Aunque todos quisiéramos tener los recursos para realizar una campaña como la de Donald Trump, es muy común que el presupuesto sea limitado para una campaña política. Es importante hacer una planificación financiera, en la que se distribuya los fondos a la campaña de territorio, logística, comunicación, y control electoral.

Si por una mala planificación financiera, un trabajador no recibe la remuneración que acordaron, esto podría viralizarse y generar un escándalo que podría ser muy perjudicial durante la campaña.

Si el candidato tiene pocas probabilidades de ganar, debe ser honesto con él mismo y evitar endeudarse fuera de sus posibilidades para la campaña.

Si algo no funciona, desecharlo: Hay ocasiones en las que el político o su equipo de comunicación creen firmemente que una idea es buena. Sin embargo, si se evidencia que esta no tiene efectividad, no hay que perder tiempo insistiendo, hay que probar ideas nuevas.

Por ejemplo, si un candidato cree que poniendo posters en las tiendas gana votantes, pero al hacer un segundo recorrido por ese sitio nota que la gente de las tiendas retira dichos posters, se debe dejar de hacer ese tipo de propaganda.

En una campaña el mayor enemigo es el tiempo, por lo tanto hay que aprovecharlo con efectividad.

Analizar derrotas ajenas: Siempre recomiendan imitar campañas ganadoras, y es adecuado, pero también es importante que si se tiene su primera participación en una campaña, analizar que hicieron los candidatos que perdieron en las elecciones pasadas, para así, no cometer los errores.

Si un candidato participa por varias ocasiones y no ha ganado antes, debe analizar sus propias campañas anteriores y los errores que cometió.

Es importante que el análisis sea de las campañas anteriores sea en el mismo sitio del que será candidato, y de las elecciones inmediatas anteriores, ya que será el escenario más similar.

Identificar el “timing”: Una parte fundamental de una campaña es hacer las cosas a tiempo, realizar las estrategias muy pronto o muy tarde puede ser perjudicial.

No existe una guía, como en toda ciencia social, la situación es diferente. Probablemente para un candidato nuevo, realizar una campaña temprano es necesario, pero para uno muy conocido podría hacer que derroche dinero antes de tiempo, o que cometa errores no forzados por empezar antes.

El análisis objetivo es primordial, y que intervengan en el mismo personas externas, ya que si opinan solamente integrantes del partidos, las pasiones pueden hacer que no se vea el escenario como corresponde.

Bibliografía

- Bertot, J. C., Jaeger, P. T., y griMeS, J. M. (2012b). "Promoting transparency and accountability through ICTs, social media, and collaborative e-government". Transforming Government People Process and Policy, 6(1), pp. 78-91.
- Criado, J. Ignacio y gil-garcía, Ramón. (2013). "Gobierno Electrónico, Gestión y Políticas Públicas. Aproximación desde una Perspectiva Latinoamericana". Gestión y Política Pública, 22(3): 3-48.
- Criado, J. I., Sandoval-alMazán, R., y gil-garcía, R. (2013). "Government Innovation through Social Media". Government Information Quarterly, 30(4), pp. 320-328.
- Mergel, I. (2013). "Social media adoption and resulting tactics in the U.S. federal government". Government Information Quarterly, 30, pp. 123-130
- Sandoval-alMazán, R., gil-garcía, J. R., luna-reyeS, L., luna-reyeS, D., díaz-Murillo, G. (2011). "The use of Web 2.0 on Mexican State Websites: A Three-Year Assessment". Electronic Government, 9(2), pp. 107-121.
- Snead, J. T. (2013). "Social media use in the U.S. Executive branch". Government Information Quarterly, 30(1), pp. 56-63

Printed by Books on Demand GmbH, Norderstedt / Germany